www.anniemgschmidt.nl
www.annie-mg.com
www.fiepwestendorp.nl
www.jipenjanneke.nl
www.queridokinderboeken.nl

De verhalen en zwart-witillustraties in dit prentenboek zijn afkomstig uit de grote verzamelbundel *Jip en Janneke*, en zijn tevens terug te vinden in de vijf losse delen. De kleurenillustraties bij de verhalen maakte Fiep Westendorp eind jaren zeventig voor het kleuterblad *Bobo*.

Eerste en tweede (e-book) druk, 2012; derde druk, 2013; vierde druk, 2015

Copyright tekst © 1953, 1963-1965, 1977, 1985, 2005 Erven van Annie M.G. Schmidt. Copyright illustraties © 1976-1984, 2012 Fiep Amsterdam bv; Fiep Westendorp Illustrations. Niets uit deze uitgave mag worden verveelvoudigd en/of openbaar gemaakt, in enige vorm of op welke wijze ook, zonder voorafgaande schriftelijke toestemming van Em. Querido's Kinderboeken Uitgeverij, Amsterdam.

Omslag en titelpagina Wietske Lute
Omslagillustratie Fiep Westendorp
Vormgeving binnenwerk Irma Hornman, Studio Cursief en Wietske Lute

ISBN 978 90 451 1375 3 / NUR 281

Annie M.G. Schmidt & Fiep Westendorp

Herfst
met
Jip en Janneke

Amsterdam · Antwerpen
Em. Querido's Kinderboeken Uitgeverij 2015

Lopen in een grote regenplas

Het regent! Het regent! Het regent dat het giet. En er zijn grote plassen op straat. En het water stroomt uit de goten. Niemand gaat uit. Maar Jip wel. Want Jip heeft een heel regenpak. En Jip heeft laarsjes. Jip kan ertegen. Eerst stapt hij over de plassen heen. Dan loopt hij er voorzichtig door. En dan gaat hij midden in een plas staan. En hij stampt heel hard, zodat het water om zijn oren springt.

En Janneke? Janneke zit voor het raam. Zij heeft geen regenpak. En geen laarsjes. En daarom mag ze niet op straat. Ze is erg jaloers op Jip. Arme Janneke. Ze kijkt maar en ze kijkt maar. En Jip maakt kunsten voor haar. Hij loopt nu heel hard en springt dan midden in de plas. Hoei, wat spat dat water hoog!

'Moeder,' vraagt Janneke, 'mag ik heel eventjes?'

'Je zult natte voeten krijgen,' zegt moeder. 'Je hebt geen laarsjes.'

Dan komt Jannekes vader binnen. Hij zegt: 'Ik weet wat. Je mag mijn laarzen aan. En je mag eventjes met Jip op straat.'

Janneke krijgt vaders laarzen aan. Wat zijn die groot! Ze kan bijna niet lopen. Maar ze gaat toch bij Jip in de plas staan, en zegt: 'Kijk.'

'Ha,' roept Jip, 'nu ben je net Kleinduimpje.'
Janneke probeert heel hard te lopen, net als Kleinduimpje.
Maar o! O! Daar valt ze!
Met haar neus in de plas.
Nu is Janneke helemaal zwart. Van de modder.
'Kom Jip,' roept Jips moeder.
'Kom Janneke,' roept Jannekes vader.
De pret is uit. Janneke moet in bad.
'Het was maar eventjes,' zegt Janneke, 'maar het was toch fijn.'

Jip wil vliegen

Wat een lawaai.
Hoor toch eens. In de perenboom zitten zoveel vogels.
'Wel duizend,' zegt Jip.
'Wel miljoen,' zegt Janneke.
'Tjiep, tjiep, tjiep,' roepen de vogels. 'Ze maken zo'n herrie.'
'Moeder,' zegt Jip, 'waarom zitten al die vogels bij elkaar?'
Moeder zegt: 'Ik denk dat ze willen gaan trekken.'
'Waaraan?' zegt Jip.
'Nee,' zegt moeder, 'je begrijpt me verkeerd. Als het najaar wordt gaan de vogels weg. De zwaluwen gaan weg, en de vinken gaan weg, en de kieviten gaan weg. Ze gaan naar het zuiden. Dat heet trekken.'
'Waar is het zuiden?' zegt Janneke.
'Daar,' zegt moeder, 'die kant op. En dan gaan ze ver, naar Frankrijk, of nog verder, naar Afrika, daar is het lekker warm.'
'En komen ze nooit terug?' zegt Jip.
'Ja, zomers komen ze terug. Dan is het hier weer lekker warm.'
'En zijn ze nu aan 't praten?' vraagt Jip.
'Ik denk het wel,' zegt moeder.
'Ja,' zegt Janneke, 'ze moeten toch precies afspreken, hoe laat

ze weggaan. En waar ze naartoe gaan?'

'Als we vleugels hadden,' zegt moeder, 'dan zouden we ook wegvliegen in de winter. Vader en ik, en Jip en Janneke, en lekker in de zon gaan zitten. Maar we kunnen niet vliegen.'

'Ik wel,' zegt Jip. 'Ik kan wel vliegen.'

'Nietes,' zegt Janneke.

'Wel,' zegt Jip, 'kijk maar. Ik ga op de bank staan en dan doe ik zo en dan vlieg ik.'

Pats, daar ligt Jip op zijn neus. Hij huilt. En moeder legt een chocolaatje op zijn neus. Dan is het over.

'Zie je wel, je kunt niet vliegen,' zegt Janneke.

'Nee,' zegt moeder, 'maar jullie kunnen boodschappen doen bij de bakker. En dat kunnen de vogels niet. Haal maar gauw een rol beschuit.'

En dat doen ze.

Noten en doppen

Janneke heeft noten gekregen. Een handvol noten. Van boer Jansen. Het zijn okkernoten, heeft boer Jansen gezegd.

'Ha fijn,' zegt Jip. 'We moeten ze kraken.'

Jip neemt de hamer van vader. En hij slaat hard op een noot. Au! Hij slaat helemaal niet op de noot. Hij slaat op zijn duim!

'Au!' huilt Jip en hij stopt zijn duim in zijn mond. En hij stampt op de vloer met zijn voet, van de pijn.

'Zie je wel,' zegt Janneke. 'Het moet niet met een hamer.'

'Hoe moet het dan?'

'Het moet tussen de deur,' zegt Janneke. 'Maar je moet niet je vinger er ook nog bij steken. Je moet alleen de noot ertussen doen.'

Eerst doen ze de deur open. Dan stoppen ze de noot ertussen. En dan doet Jip de deur dicht.

'Krak,' zegt de noot.

'Mooi,' roept Janneke.

En nou gauw eten. Ze kunnen nu de dop er makkelijk afhalen. En ze kraken een heleboel noten tussen de deur.

Totdat Jips moeder komt, en zegt: 'Dat mag volstrekt niet.'

'Waarom niet, moeder?'

Omdat de deur daarvan stukgaat. 'Hier,' zegt moeder. 'We hebben immers een echte notenkraker? Hier! En nu nooit meer tussen de deur.'

Dat is leuk. De notenkraker is een mannetje. Met twee benen. Nu is het nog leuker om noten te kraken.

Eindelijk lusten ze geen noten meer.

'Kijk,' zegt Janneke. 'Dit is een wiegje.' Janneke heeft er een beetje watten in gedaan. En nu is het een wiegje.

'Voor wie?' zegt Jip. 'Voor de pop is 't wiegje te klein.'

'Voor een vlieg,' zegt Janneke. 'Een wiegje voor een vliegje.'

Maar er is geen een vlieg die in het wiegje wil.

Nu wacht Janneke op iemand anders die in het wiegje wil. En die erin kan.

Plaatjes knippen

O, wat regent het! Wat regent het! Het is helemaal geen weer om buiten te spelen.

Jip en Janneke hebben een poosje op de vensterbank gezeten en naar buiten gekeken. Maar er kwam niemand voorbij. Alleen maar een klein hondje.

Toen zijn ze plaatjes gaan kijken. En alle plaatjesboeken hebben ze al uit. En het regent zo en het regent zo.

'Hier hebben jullie twee scharen,' zegt Jips moeder. 'Voor allebei een schaar. Dit boek mag je hebben om uit te knippen en dit ook en dat ook. Drie boeken om plaatjes uit te knippen.'

Nu, dat is een heerlijk werk. Er zijn veel plaatjes van auto's en veel plaatjes van mooie dames. Die knippen ze allemaal uit, maar na een poos zijn alle plaatjes uitgeknipt.

'We zijn klaar,' zegt Janneke. 'We hebben niets meer te knippen. Zijn er nog meer boeken?'

Jip kijkt naar de boekenkast. Daar onderin staan boeken met veel mooie gekleurde plaatjes.

'Dat mag vast wel,' zegt Jip. 'Ze staan toch onderin, die boeken. Niemand kijkt ernaar. Hier, jij mag dit boek uitknippen, dan neem ik dat andere.'

Ze knippen zo ingespannen dat hun tongetje uit hun mond komt. En ze merken niet eens dat er iemand binnenkomt.

'Hee! wat doen jullie daar?' roept een stem.

Jip en Janneke laten de schaar vallen. Het is Jips vader. O, o, wat is hij boos! Wat is hij boos!

Janneke gaat heel stiekem naar huis. En Jip is heel verdrietig want vader leest nu ook niet voor, bij het slapen gaan.
Maar het is wel een beetje zijn eigen schuld. Want boeken uit de boekenkast... daar mag je niet in knippen.

Een vlieger

Vader heeft een vlieger gemaakt. Het is zo'n mooie! Er staat een gezicht op. Jip is heel trots op de vlieger. Nu gaan ze hem oplaten. Jip en Janneke samen. In de tuin. Maar het valt niet mee. Hij wil de lucht niet in.

'Vader,' roept Jip. 'Hij wil niet. Hij doet het niet.'

'Hij doet het best,' zegt vader. 'Kom maar, ik zal je helpen.'

En vader loopt een eind met de vlieger, en nu gaat de vlieger de lucht in. Hoger en hoger. Je kan zijn gezicht niet eens meer zien...

'Mooi...' zucht Janneke.

'Mooi,' zegt Jip.

'Zo,' zegt vader. 'En hou nu goed het touw vast. Nu kun je het wel alleen.'

En vader gaat naar binnen.

Daar staan Jip en Janneke. Met de vlieger.

'Laat mij ook eens,' zegt Janneke.

Ze loopt een eind weg, met het touw in haar hand. En opeens... O jee, daar komt een rukwind. En de vlieger doet zo gek. Hij tuimelt een eind naar benee.

En hij komt in een boom terecht.

'O, kijk,' zegt Jip. 'Hij zit vlak bij het vogelnest.'

'Ja,' zegt Janneke. 'Hij zit bijna in het vogelnest.'

'Die arme vogeltjes,' zegt Jip. 'Wat zullen ze schrikken.'

Dan moet vader er natuurlijk weer bij komen. Hij moet de vlieger weer naar beneden halen. Hij doet het met een ladder.

'Wat zeiden de vogeltjes?' vraagt Jip als vader terug is.

Ze zeiden: 'Piep, piep... wat is dat voor een gek gezicht...' lacht vader. 'Maar ik heb ze verteld dat het maar een vlieger is.'

En dan gaan Jip en Janneke weer verder met de vlieger.

Appels

Daar valt een appeltje.
 'De appeltjes zitten los!' roept Jip.
 'Schudden!' zegt Janneke.
 Jip gaat heel hard schudden aan de boom. Er valt er nog een. Dan houdt het op.
 'Ze zitten toch nog vast,' zegt Janneke.
 'Ik zal ze plukken,' zegt Jip. 'Ik klim in de boom.'
 En Jip klimt in de appelboom.
 Daar zit hij. Het is een beetje griezelig. Maar hij houdt zich goed vast. 'Hier,' zegt hij. En hij gooit een appel naar beneden.
 'Je moet ze niet zomaar op de grond gooien,' roept Janneke. 'Je moet ze in mijn schort gooien. Ik houd mijn schort op.'
 Nu gooit Jip netjes alle appeltjes in de schort. Net zolang totdat de schort vol is.
 'Kom nu maar naar beneden, Jip.'
 Maar o, nu durft Jip niet meer. Hij durft er niet meer uit.
 'Help, help,' gilt hij. Hij is ineens zo bang!
 'Ik zal vader halen,' zegt Janneke. En ze loopt naar huis.
 Jip zit in de boom. En hij is zo bang.
 Maar gelukkig. Daar komt vader.

'Wat doe je nou toch?' vraagt vader. 'In de bomen klimmen? Kom maar hier.'

En vader neemt Jip op zijn schouders. Hè, hè.

'Kijk eens,' roept vader. 'Wat een dikke appel heb ik geplukt! Een hele dikke appel met een broekje aan.'

En dan gaan ze naar binnen. Janneke heeft haar schort vol appels. En ze mogen er ieder twee opeten.

'Kijk,' zegt Jip, 'een worm. Een worm in de appel.'

'De worm niet opeten, hoor,' roept Janneke.

En dan gaan ze terug naar de appelboom. En ze zetten de worm weer op een andere appel.

'Ziezo,' zegt Jip.

'Ziezo,' zegt Janneke. 'Nou kan de worm weer verder eten.'

Bladeren in de tuin

'Er liggen zoveel bladeren in de tuin,' zegt Jips vader. 'Zoveel bladeren. Wie wil ze eens voor me opruimen?'

'Ik,' zegt Jip.

'Ik,' zegt Janneke.

'In 't schuurtje is de hark,' zegt Jips vader. 'En de kruiwagen vind je er ook wel. Zorg maar dat het fijn in orde komt.'

En dan gaan Jip en Janneke aan 't werk. Ze vegen de bladeren op een hoop. En het zijn er veel. Want het heeft gewaaid. En het is herfst.

'Kijk eens,' zegt Janneke. 'Wat mooi!' En ze laat een blad zien. Een heel mooi kastanjeblad. Helemaal goudgeel. 'Mooi hè?'

'Ja,' zegt Jip, 'maar dit is nog mooier.' En hij laat een ander blad zien. Dat is rood. Een rood blad van de wingerd.

'Die moet je niet weggooien, hoor,' zegt Janneke. 'Bewaar ze maar.'

'En dit, kijk eens dit,' zegt Jip.

Ze vergeten helemaal dat ze bladeren moeten opruimen. Ze zoeken allemaal mooie bladeren uit. Rode en gele en bruine.

Janneke maakt er een kransje van. Dat is prachtig.

'Voor mij ook een,' zegt Jip.

En ze maakt er voor hem ook een.

'Nou ben jij de koningin,' zegt Jip. 'En ik ben de koning.'

Ze hebben nu allebei een gouden kroontje. Zo mooi.

En Janneke haalt moeders plastic regenjas en doet die aan. En Jip haalt vaders jekker en doet die aan.

Nu is het veel echter. Koning en koningin.

En de schuur is het paleis.

En de kruiwagen is de gouden koets.

En Takkie is het prinsje. Hij mag ook mee in de gouden koets.

Maar als vader 's middags zegt: 'En, zijn de bladeren opgeruimd?' dan zegt Jip: 'O nee.'

'O nee, dat is waar ook,' zegt Janneke.

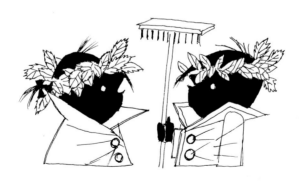

Weggelopen

'Kom,' zegt moeder. 'We gaan naar de stad. We gaan winkelen.' En Jip en Janneke krijgen hun jasjes aan. En hun petjes op. En ze mogen mee. Met de bus. Dat is al een heel feest. Want de bus rijdt hard. En het is ver. En ze zitten allebei voor het raampje.

'Hier zijn we er,' zegt moeder.

Ze stappen uit. En ze gaan naar het grote warenhuis. Daar is het zo vol. Zo vol. Jip en Janneke worden er draaierig van. Moeder moet een sjaaltje kopen. Het duurt wel lang. Jip kijkt om zich heen. 'O, kijk,' zegt hij. 'Rolschaatsen!'

Moeder hoort het niet. Die kijkt naar de sjaaltjes.

'Waar dan?' vraagt Janneke.

'Daar,' zegt Jip. En hij wijst. 'Ga mee kijken.'

En hij trekt Janneke mee.

Daar gaan ze. Ze kijken naar de rolschaatsen. Die zijn erg mooi. En daarnaast zijn auto's. En daarnaast zijn poppen. En poppenhuizen. Jip en Janneke kijken overal. Ze dwalen tussen de tafels door en ze roepen: 'Kijk eens! Kijk dan toch!' Maar dan ineens zegt Jip: 'Ik ga vragen aan moeder of ik die auto krijg.'

'Ja,' zegt Janneke.

Maar waar is moeder? Ze is er niet meer. Jip en Janneke willen terug. Maar ze kunnen niet meer vinden waar het was.

'Daar!' zegt Janneke. Maar nee, daar zijn de handschoenen. En geen sjaaltjes. 'Daar,' zegt Jip. Maar nee, daar zijn de tassen.

En er zijn zoveel mensen. En de mensen dringen en duwen zo. Jip en Janneke pakken elkaars hand. En ze moeten een beetje huilen.

Dan komt er een juffrouw. Die zegt: 'Wat is er dan?'

'Moeder is weg,' zegt Jip.

'O,' zegt de juffrouw. 'Kom dan maar mee. Dan gaan we haar zoeken. Hoe heten jullie?'

'Ik heet Jip,' zegt Jip.

'Ik heet Janneke,' zegt Janneke.

Ze neemt Jip en Janneke mee naar een klein kamertje. 'Wacht maar,' zegt ze. 'Nu gaan we het omroepen. Door een luidspreker. Luister maar goed.' En dan horen Jip en Janneke een heel harde stem. Net als door de radio. En die stem zegt: 'Jip en Janneke zijn bij kassa vier! Jip en Janneke zijn bij kassa vier!'

En ja hoor. Even later, wie komt daar binnen? Moeder.

Ze zegt: 'Maar Jip toch! Maar Janneke toch! O, wat was ik ongerust!' En ze geeft Jip een zoen en Janneke ook. 'Nooit meer weglopen, hoor,' zegt ze.

En dan gaan ze een ballon kopen.

Jip krijgt een ballon. En Janneke krijgt er ook een. En ze mogen met de ballon in de bus.

Het regent zo

'Mogen we een boodschap doen?' vraagt Jip.
 'Met dit weer?' zegt moeder.
 'Toe nou,' zegt Janneke.
 'Maar het regent zo. En het waait zo. Kijk het eens stormen,' zegt moeder. 'Jullie waaien weg.'
 'Een klein eindje maar,' zegt Jip. 'Naar de bakker.'
 'Goed dan, naar de bakker,' zegt moeder. 'Haal dan maar een roggebroodje.'
 Daar gaan Jip en Janneke. En ze nemen de paraplu mee. Omdat het zo regent. De grote paraplu. Van vader.
 'Ik kan hem opsteken,' zegt Janneke. 'Geef maar hier.'
 'Ik kan het ook,' zegt Jip. 'Laat mij nou.'
 Samen dan. En samen steken ze de grote paraplu op.
 O, o, wat een weer. De regen tikt op de paraplu. En de wind trekt heel hard aan de paraplu. Jip en Janneke moeten hem samen vasthouden. En ze moeten ook nog goed uitkijken. Anders vallen ze in de plas.
 'We zijn er haast,' zegt Janneke. 'Daar is de bakker.'
 'Hollen dan,' roept Jip.
 Maar o wee. Die nare wind. Die trekt ineens zo vreselijk hard

aan de paraplu. En wat gebeurt er nou! O, o, de paraplu klapt om. Naar boven. Nu hebben ze een omgekeerde paraplu.

'Help,' roept Jip.

'Hou vast,' zegt Janneke.

De vrouw van de bakker komt naar buiten. En ze zegt: 'Kom maar gauw hier. Heb je een ongeluk met de paraplu?' En dan neemt ze het ding vast en houdt hem tegen de wind. Klap, zegt de paraplu. En hij is ineens weer goed.

'Ziezo,' zegt de bakkersvrouw. 'En komen jullie brood kopen?'

'Een roggebrood,' zegt Jip.

'Hier,' zegt ze. 'En voor allebei een snoepje. En ik zou de paraplu nu maar dichtdoen. Kijk, het regent niet meer. Het waait alleen nog.'

Dan gaan Jip en Janneke naar huis. Met de dichte paraplu.

'We zijn bijna de lucht in gewaaid,' zeggen zij tegen moeder.

'Dat dacht ik wel,' zegt moeder. 'Zijn jullie sokken nat? Doe ze maar gauw uit. En kom in de kamer. Daar kan de wind niet komen.'

Nee, hier kan de boze wind gelukkig niet komen.

Jip en Janneke kijken uit het raam. En ze zien hoe de wind aan de bomen rukt.

Fijn om binnen te zitten.

Tak-tak-tak

Wat een weer! En zo koud!

Jip en Janneke zitten voor het raam. En de regen tikt tegen de ruiten. Tik tik tik.

Maar dan zegt de regen opeens: Tak! Tak! Tak!! En het is geen regen meer.

'Hagel!' roept Jip. 'Kijk, hagelstenen!'

'Wat een grote,' zegt Janneke. 'Doe het raam eens open!'

Jip doet het raam open. Het gaat een beetje zwaar. Hij moet erg hard duwen. Zo, het is open. En dan komt de hagel naar binnen.

Pik! op Jips neus. En pik! op Jannekes neus.

'Au!' roepen Jip en Janneke. Maar ze lachen toch. Want het is zo leuk om uit het raam te hangen als het hagelt. Er liggen nu een hoop stenen in de vensterbank.

'Wat een mooie, hè?' zegt Jip.

'Ja,' zegt Janneke. 'Ik doe ze in een kopje. Voor moeder.'

'Ik ook,' zegt Jip.

En ze nemen elk een kopje. Jip vangt de stenen op. Uit de lucht.

Maar Janneke neemt de stenen van de vensterbank.

Ze hebben nu ieder een kopje halfvol.

'Mooi hè,' zegt Jip. En hij graait erin, met zijn vingers.

'Kom,' zegt Janneke. 'We brengen ze naar jouw moeder.'

En dan gaan ze naar de keuken.

'Moeder!' roept Jip. 'We hebben een kado.'

'Even wachten,' zegt moeder. Want ze is aan het koken. En ze moet de aardappels afgieten. Het duurt erg lang.

'Zo,' zegt ze dan. 'Wat is er? Laat maar eens zien.'

Jip houdt het kopje naar voren. En Janneke ook.

'Wat is dat?' zegt moeder. 'Water!'

'Niet...' schreeuwt Jip. 'Stenen!'

Maar dan kijkt hij in het kopje. Ach, het zijn geen hagelstenen meer. Ze zijn gesmolten. En er zit alleen nog maar water in.

En bij Janneke? Bij Janneke ook.

Jammer hè? 'Kom, dan gaan we nieuwe halen.' Maar het hagelt niet meer. De zon schijnt. Ze kunnen naar buiten. En dat is nog veel fijner!

Mist

Jip wordt wakker. En hij kijkt uit het raam. En het is zo gek. Hij ziet niets buiten. De boom is weg. En er staat toch heus een boom voor het raam. Jip komt gauw uit zijn bed. En nu ziet hij het. Het mist. Het mist heel erg. Alles is grijs. De hele tuin is er niet meer. Hij gaat naar beneden. En hij zegt: 'Moeder ik ga naar buiten.'

'Welja,' zegt moeder. 'In je pyjama? En zonder eten? Dan word je ziek.' Eerst moet Jip zich aankleden. En als hij klaar is, komt Janneke. 'Ga je mee naar buiten?' vraagt ze.

'Jip moet eerst z'n boterham eten,' zegt moeder. 'En dan mag hij mee. Maar heel eventjes.' Eindelijk is Jip klaar. En ze gaan samen naar buiten. Wat is het gek. Met die mist.

'Ga eens bij het schuurtje staan,' zegt Jip. Janneke doet het.

'Zie je me nou?' vraagt Jip.

'Nee, ik zie je niet.'

'Ik zie jou ook niet.'

'Zullen we treintje spelen?' zegt Jip. 'Wacht, ik weet wat.' Hij gaat naar binnen en hij komt met een zaklantaren terug. Die is van vader. En Jip heeft hem weggepakt uit de kast.

'Ik ben de trein,' zegt Jip. 'En jij bent het sein. Als ik kom aanrijden, moet je het sein naar boven doen. Dan is het veilig. En als het naar beneden gaat, is het onveilig.'

Janneke staat met de lantaren te zwaaien. En daar komt de trein aan. Heel hard. Het sein gaat naar beneden. Maar o wee, de trein rijdt toch door. Hij rijdt zo hard! Hij rijdt zo hard! En boem, daar rijdt de trein tegen het schuurtje.

'Au, mijn neus!' roept de trein.

'Je bent ook door het sein heen gereden,' zegt Janneke.

'Maar jij deed het verkeerd,' huilt Jip.

'Niet waar!'

'Wel waar!'

'Binnenkomen,' roept moeder. 'Wat heb je daar, Jip? Vaders zaklantaren? Maar dat mag volstrekt niet.' En ze pakt Jip bij een oor. Binnen krijgen ze een appelbol.

'Morgen gaan we weer treintje spelen,' zegt Jip. 'In de mist.'

Naar het circus

'En,' zegt moeder, 'hoe was het?'

Je moet weten: Jip en Janneke zijn naar het circus geweest. En nu zijn ze net weer thuis.

'Hoe was het?' vraagt moeder.

'Fijn!' schreeuwt Jip. 'Zo fijn! Het aapje zat op een fiets!'

'En het andere aapje at van een bordje,' zegt Janneke. 'Met een mes en een vork!'

'En er was een man die gooide met vazen,' roept Jip.

'En de vazen bleven heel!' gilt Janneke.

En dan praten ze zo door elkaar dat moeder zegt: 'Nu ieder op zijn beurt, Jip.' Maar het is ook zo mooi geweest.

Voor ze naar bed gaan, zegt Janneke: 'Kan jij ook op een hoogte staan en ballen met vazen, Jip?'

'Jawel,' zegt Jip. 'Dan moet jij de juffrouw zijn die ernaast staat.'

Jip zet de stoel op de tafel. Dan gaat hij erop liggen. Op zijn buik. En dan geeft Janneke hem de vaas van het kastje. En Jip gooit hem omhoog. En vangt de vaas weer keurig op. Janneke staat ernaast. Ze houdt haar rokje vast en buigt voor het publiek.

'Hopla,' zegt Jip. Hij gooit de vaas nu heel hoog.

Pats... zegt de vaas. O help, nou is hij kapot. Helemaal kapot!
En Jips moeder komt binnen.
'Wat is dat?' zegt ze.
'Ik was de man die met de vazen balt,' zegt Jip.
'En ik was de juf die erbij staat,' zegt Janneke.
'Maar ik kan het nog niet zo goed,' klaagt Jip.
'Jullie gaan naar bed,' zegt moeder. 'Kom, Janneke, naar huis. Mijn mooie vaas kapot!'
Moeder is echt verdrietig. En Janneke gaat heel verschrikt naar huis.
Als Jip in bed ligt, zegt hij nog: 'In het circus bleef de vaas heel.'
'Ja,' zegt moeder, 'maar mijn vaas is kapot.'
En voor Jip inslaapt, denkt hij nog: Ik ga een nieuwe vaas voor moeder kopen.

ANDERE BOEKEN OVER JIP EN JANNEKE

Jip en Janneke (verhaaltjes, 5 delen, 1953-1960)
Jip en Janneke (verzamelbundel, 1977)
Jip and Janneke (vertaald door David Colmer, 2008)
Jip and Janneke. Two kids from Holland (2008)
Ik ben Jip. Ik ben Janneke (2010)
Jip en Janneke. Dieren (kartonboekje, 2010)
Jip en Janneke. Spelen (kartonboekje, 2010)
Jip en Janneke. Kleuren (kartonboekje, 2011)
Jip en Janneke. Er is er een jarig (2011)
Jip en Janneke uitdeelboekjes (box met 10 cadeauboekjes, 2011)
Lente met Jip en Janneke (2012)
Zomer met Jip en Janneke (2012)
Winter met Jip en Janneke (2012)
Jip en Janneke spelen buiten (2013)
Binnen spelen met Jip en Janneke (2014)
Lente, zomer, herfst en winter met Jip en Janneke (2014)